AF562416
L 27 n
25580

DISCOURS

PRONONCÉ LE 26 DÉCEMBRE 1869

Aux Funérailles

DE M. LE Dr ANGELOT

DISCOURS

Prononcé le 26 Décembre 1869

AUX FUNÉRAILLES

DU

Dr ANGELOT

Médecin principal de 1re classe, en retraite,
Ancien Médecin en chef de l'Hôpital militaire de Lyon,
Chevalier de la Légion-d'Honneur,
Médaillé de Ste-Hélène, etc.

PAR

M. LE Dr GUBIAN

LYON
IMPRIMERIE DU SALUT PUBLIC
BELLON, RUE IMPÉRIALE, 33

M DCCC LXX

DISCOURS

Prononcé le 26 Décembre 1869

AUX FUNÉRAILLES

DE

M. LE DR ANGELOT

Médecin principal de 1re classe en retraite,
Ancien Médecin en chef de l'Hôpital militaire de Lyon,
Chevalier de la Légion-d'Honneur,
Médaillé de Ste-Hélène, etc.

PAR

M. LE DR GUBIAN

Le 26 décembre 1869, ont eu lieu les obsèques du docteur Angelot, médecin principal de première classe, décédé à l'âge de 74 ans. Un cortége nombreux a accompagné jusqu'à sa dernière demeure cet homme de bien, dont l'éloge était dans toutes les bouches, et qui, d'une bienveillance et d'une bonté extrêmes, ne comptait que des amis.

Voici en quels termes M. le docteur Gubian, membre de la Société impériale de médecine de Lyon, a retracé la vie si bien remplie du docteur Angelot :

MESSIEURS,

Quels flots pressés, quelle foule de savants, de laborieux praticiens, de bienfaiteurs de l'humanité, nous avons, en peu de temps, accompagnés et pleurés, et dont il serait à jamais regrettable de taire les talents, les vertus et les belles actions!

Il y a plus de vingt ans, que celui dont nous conduisons aujourd'hui le deuil revenait, le cœur joyeux, après une longue absence, dans son pays d'adoption où, sous les majorats de Viricel et de Bouchet, il avait brillamment commencé ses études médicales, que les cruelles exigences de la guerre interrompirent brusquement.

Angelot appartient donc à la famille médicale lyonnaise; il était membre de notre Société impériale de médecine, et à ce double titre, vous me permettrez de retracer cette existence utile, noblement marquée par d'éclatants services, et qui, pour s'être écoulée modestement en dehors de l'activité militante, durant les dernières années, n'en mérite pas moins nos regrets, nos sympathies et nos hommages.

Angelot (Jean-Baptiste), naquit le 9 décembre 1795, à Beaujeu (Rhône). En 1813, en quittant Lyon, il se rendit en Allemagne comme chirurgien sous-aide à la Grande armée, et fut spécialement attaché aux ambulances de la garde impériale, puis il passa à l'hôpital d'instruction de Lille, à celui du Val-de-Grâce, enfin à celui de la garde royale. En 1819, il fut nommé chirurgien aide-major à légion de la Mayenne; en 1823, médecin adjoint à l'armée d'Espagne; médecin ordinaire au mois d'octobre de la même année; chargé du service médical des Eaux de Bagnols en 1824; puis envoyé à Briançon et à Grenoble en 1825 et en 1826.

Pendant qu'il poursuivait sa carrière dans la chirurgie militaire, Angelot s'occupait avec ardeur de travaux scientifiques.

En 1816, il obtenait le premier prix au concours de Lille; en 1817, il emportait le second prix au concours de Paris.

Il publiait différentes observations de médecine pratique, décrivait avec soin les *constitutions atmosphériques* et *médicales*, les *maladies régnantes* à Briançon, à Grenoble, à Dunkerque, appelait l'attention des médecins et du Conseil de salubrité des armées sur le *goître épidé-*

mique, chez les soldats en garnison dans les Alpes, sur les *fièvres intermittentes*, de Dunkerque et de Gravelines ; il présentait, à la même époque, un mémoire sur l'*emploi du goudron dans les subinflammations herpétiques*. Déjà, sa thèse sur la nature et le traitement de la *phthisie pulmonaire*, présentée en 1821, et réimprimée sous forme de mémoire en 1831, avait eu un certain retentissement et lui avait valu les éloges les plus flatteurs. Le Conseil de santé des armées, frappé des brillantes aptitudes du laborieux médecin-major, l'avait proposé pour l'emploi de professeur adjoint, à l'hôpital d'instruction de Lille, en 1831 ; il le désigna bientôt après, pour faire partie de la Commission envoyée en Pologne.

En 1832, il fut nommé médecin en chef de l'hôpital de Dunkerque. Ses services remarquables et ses travaux. lui valurent alors les titres de membre de la Commission sanitaire du port de Dunkerque, de membre du Comité de vaccine, de médecin des épidémies, de membre du Conseil central de salubrité de Lille. En cette dernière qualité, il alla à Calais, lors de l'apparition du choléra en France, afin d'observer le fléau et d'en rendre compte.

En 1838 et 1839, il fut chargé du service des hôpitaux de Constantine, à l'époque de l'installation de l'armée dans cette ville, et, c'est après sa campagne d'Afrique, qu'il remplit les fonctions de médecin en chef des hôpitaux militaires de Rocroy, de Colmar, de Rennes, et enfin de Lyon (1849), dans les grades de médecin ordinaire de première classe, et de principal de deuxième classe.

Malgré ses beaux états de service et ses campagnes d'Allemagne, d'Espagne et d'Afrique, M. Angelot ne reçut qu'en 1845, la croix de chevalier de la Légion-d'Honneur.

Sa modestie était extrême, il ne voulut jamais se faire solliciteur : et, si ses nombreuses publications, divers Mémoires envoyés à l'Académie de médecine de Paris, lui valurent le titre glorieux et très-envié de membre correspondant de cette illustre Compagnie, jamais il ne tira vanité de sa nomination, qui date du 31 décembre 1836. « C'était, ainsi que le lui écrivait le savant secrétaire perpétuel de l'Académie royale de médecine, Pariset, c'était un hommage rendu aux lumières, aux talents, au zèle du docteur Angelot, pour les progrès des sciences médicales. C'est par le concours de tels savants, que peut être remplie la glorieuse mission de servir les hommes et de laisser à la postérité quelques vérités utiles. »

Nous devons mentionner, parmi les travaux insérés dans la *Revue médicale,* dans les *Annales de la médecine physiologique* et autres recueils, un important mémoire d'Angelot, sur la *Stomatite ulcéreuse épidémique*, un autre sur les *Préparations chlorurées,* un troisième sur les *préparations stibiées,* une Monographie sur les *affections intestinales, simulant la fièvre jaune* et le *choléra morbus,* de nouveaux mémoires relatifs au *traitement de l'Epilepsie,* aux *préparations iodées,* à *l'Amaurose,* au *Carreau,* aux *Hernies étranglées,* à la *spertamorrhée.*

Embrassant toutes les branches des sciences médicales, il écrivit encore sur les *Eaux de Bagnols,* sur les *falsi-*

fications du sulfate de quinine, sur l'emploi du *charbon animal dans les dyssenteries chroniques* (Archives de l'Académie royale de médecine.)

Peu de temps après, il publia une belle et remarquable étude sur le *Choléra-Morbus*, des rapports sanitaires en grand nombre ; un fort intéressant, entre autres, à propos d'un mémoire du Consul de France à Dantzig, contenant l'historique de l'apparition du choléra dans cette ville. Il importe de signaler surtout son ouvrage concernant les *Epidémies en général*, et un second sur les *Epidémies de fièvres typhoïdes, qui sévirent dans la garnison de Rennes.*

Enfin, après de si nombreuses et si importantes publications, nous devons indiquer plusieurs communications orales, ou lectures faites à la Société de médecine de Lyon, sur l'épidémie du Choléra-Morbus, qui a régné dans l'hôpital militaire de notre ville en 1849 et 1850.

La belle conduite du médecin en chef de l'hôpital militaire de Lyon, pendant l'épidémie, lui fit une réputation de savoir et de discernement si universelle, que les feuilles politiques et les journaux de médecine de la capitale proclamèrent à l'envi « son dévoûment, son mérite et la sagacité avec laquelle il sut étudier l'épidémie et en arrêter les progrès » (*Gazette des Hôpitaux* de Paris, 17 décembre 1850, — *Topographie de Lyon, sous le rapport de la maladie asiatique*, par Bally, membre de l'Académie de médecine.)

Les sentiments de la population se traduisirent en ces termes, (dans un article de la *Gazette de Lyon*, 1849) : « La guérison de plusieurs individus atteints du choléra le mieux caractérisé, prouve que cette maladie, dont l'intensité est souvent si cruelle, est tombée dans le domaine de la science. C'est là une vérité, que l'état de l'hôpital militaire confirme d'une façon irréfragable. En constatant les résultats obtenus, nous devons rendre hommage au zèle et au dévoûment de MM. les officiers de santé militaires, et spécialement à M. le docteur Angelot, médecin en chef, qui a la direction du service des cholériques. Ses soins paternels pour ses malades, sont au-dessus de tout éloge, et constituent un véritable bienfait pour eux ; son tact médical exquis, son savoir et son expérience sont, en ce moment, une source de lumières très-précieuse, surtout pour les médecins qui n'avaient point encore eu l'occasion d'observer le choléra. »

Vous le voyez, Messieurs, dans la périlleuse et douloureuse épreuve qu'il venait de traverser, Angelot avait conquis ses droits de cité: il avait bien mérité de la reconnaissance publique.

Le gouvernement le récompensa en le nommant médecin de première classe.

Malgré les plus brillantes relations de famille, une parenté distinguée et admirablement posée, malgré des amitiés illustres qu'il nous a été permis de connaître par le dépouillement d'une correspondance intime avec Broussais, le baron Larrey, et plusieurs hommes d'Etat qui ont rempli, dans la vie politique, un rôle éminent, le docteur Angelot ne reçut de l'avancement, dans sa carrière militaire, que grâce à l'éclat incontestable et au nombre des services rendus.

C'est la plus vive satisfaction qui soit accordée au vrai mérite, que de ne rien devoir qu'à lui-même; et, nous en sommes persuadé, ce fut, avec l'amour du travail et les bienfaits secrètement répandus autour de lui, une des joies les plus pures de ce sage, de ce philanthrope, de ce chrétien que nous pleurons.

Dans la vie privée comme dans la vie publique, on appréciait Angelot pour sa parfaite honorabilité, son exquise urbanité, qu'exprimait d'ailleurs, ostensiblement, sa tenue pleine de distinction et de dignité vraie.

Charitable, bon, dévoué, il cachait, sous des formes parfois sévères, mais courtoises, un cœur toujours chaud et aimant.

Esprit indépendant et juste, il sut se concilier l'estime et l'attachement de ses confrères, autant par l'aménité et la bienveillance de son caractère, que par la fermeté de ses principes. Comme savant, Angelot restera un modèle de probité médicale. La loyauté était pour lui une loi naturelle et inviolable. — Et nous, ses amis, nous qui retenons son cercueil sur le bord de la tombe pour y exhaler notre douleur réelle et profonde, nous ne devons point oublier celle de sa noble et fidèle compagne, de ses enfants dont l'âme, sensible et forte à la fois, a su adoucir ses derniers moments par un dévoûment sans bornes.

Si la séparation de ces cœurs qui s'aimaient si tendrement a été déchirante, du moins le souvenir d'une mort qui a été aussi belle que la vie fut honorable, se joint à une pensée sublime d'espérance, pour la rendre moins cruelle et moins amère; et votre concours, Messieurs, témoignage éloquent de votre sympathie et de votre affectueuse estime pour le savant et l'homme de bien, sera la meilleure consolation que puisse ressentir sa chère famille, justement éplorée.

Ce témoignage sera recueilli avec respect par ses petits-fils, qui sauront, un jour, marcher résolûment sur ses traces, armés de cette devise traditionnelle : « Honneur et dévoûment à l'humanité et à la science. »

Au moment du suprême adieu, ces consolantes paroles de l'Ecriture, viennent encore tempérer l'amertume de nos regrets :

« *Beati mortui qui in Domino moriuntur, opera enim illorum sequuntur illos.* » Bienheureux ceux qui meurent dans le Seigneur, car leurs œuvres les suivent.

2

www.ingramcontent.com/pod-product-compliance
Lightning Source LLC
LaVergne TN
LVHW010259230826
846091LV00007B/3050

* 9 7 8 2 0 1 1 7 7 7 1 4 0 *